꽁냥꽁냥
그림과학

妙妙喵圖解生活科學1：消失的便便

Text copyright ⓒAmi Hu 2021
All Rights Reserved.
First published in Traditional Chinese in 2021 by
CommonWealth Education Media and Publishing Co., Ltd.
Korean Translation rights arranged with CommonWealth Education Media and
Publishing Co., Ltd. through May Agency
Korean Translation Copyright ⓒ 2023 by Mindalive Co., Ltd.

*Sponsored by the Ministry of Culture, Republic of China (Taiwan).

이 책은 MAY 에이전시를 통한 저작권자의 독점계약으로 (주)창의와탐구에서
출간되었습니다. 저작권법에 의해 한국 내에서 보호를 받는 저작물이므로 무단전재와 복제를 금합니다.

꿍냥꿍냥 그림과학

① 똥이 사라졌다!

머리말

생활 속 숨은 비밀을 과학으로 찾아봐요

《꽁냥꽁냥 그림과학》 시리즈는 어디로 튈지 모르는 두 주인공 꽁냥이와 톡톡이가 여러분을 재미있는 과학의 세계로 이끌어요. 그림만 봐도 내용을 알 수 있죠. 각 장의 시작은 만화로 이뤄져 있는데요. 꽁냥이, 톡톡이를 따라 만화를 보다가 궁금증이 생긴 친구들은 걱정할 필요 없어요. 다음 페이지를 보면 그림, 설명, 도표, 전개도 등이 있어 차근차근 답을 찾아갈 수 있으니까요. 정확하고 생생한 그림을 보다 보면 복잡하고 어렵기만 하던 과학이 더 쉽게 이해되고 내 것이 된답니다.

이 책을 통해 여러분의 마음 밭에 신기한 씨앗들이 뿌려져 '호기심'이란 나무로 자라고, 또다시 '흥미'라는 꽃으로 피어날 수 있으면 좋겠어요. 우리 생활 속에는 흥미로운 비밀들이 가득 숨겨져 있어요. 그 비밀들은 우리가 찾아 주길 기다리고 있고요.

주인공을 소개합니다

나는 똑똑별에서 왔어. 모자를 좋아하고, 과학은 더 좋아해. 호기심 많은 톡톡이의 질문에 답을 해 주며 함께 살고 있어. 신나는 과학 이야기를 할 때가 가장 행복한 나는 꽁냥이라고 해.

나는 꽁냥이의 옆에 딱 붙어서 질문하는 걸 좋아해. 장난을 하다가 가끔 사고를 치기도 해, 인정! 그래도 질문을 아주아주 많이 하고 싶어. 호기심이 발동하면 끝까지 알아내야 속이 시원한 나는 톡톡이라고 해.

차례

머리말	4
주인공을 소개합니다	5

1장 호기심
01 우리가 눈 똥은 어디로 갈까?	8
02 과자 봉지는 왜 뚱뚱할까?	12
03 촛불은 왜 불어도 잘 꺼지지 않을까?	16
04 우리가 돈을 만들어도 될까?	22
05 식물이 사람도 삼킬 수 있을까?	28
06 달걀은 왜 동그랄까?	34

2장 내 물건
07 풍선은 어디로 날아갔을까?	40
08 연필은 왜 쓸수록 짧아질까?	44
09 자석은 어떻게 냉장고에 붙지?	48
10 자전거는 어떻게 앞으로 나갈까?	54

3장 식물의 생활

11 나뭇잎은 왜 노란색으로 변할까? — 60
12 꽃은 왜 향기가 날까? — 64
13 나무의 나이는 어떻게 알지? — 68
14 식물도 잠을 잘까? — 74
15 선인장은 왜 가시가 있을까? — 78

4장 음식의 변화

16 팝콘은 어떻게 만들어질까? — 84
17 식빵에 곰팡이가 폈어! — 88
18 음식은 왜 상할까? — 92
19 새우가 빨개졌어! — 98
20 바나나는 왜 검게 변할까? — 102
21 과일은 언제 먹어야 맛있을까? — 106

꽁냥과 톡톡의 과학 수다 & 퀴즈 — 110

01 우리가 눈 똥은 어디로 갈까?

02 과자 봉지는 왜 뚱뚱할까?

과자 봉지는 왜 빵빵하게 부풀어 있을까요?

과자 봉지에는 '질소'라는 기체를 넣어서 눌러도 눌리지 않아요.
그래야 안에 있는 바삭한 과자가 바스러지지 않거든요.

질소를 넣었을 때   질소를 넣지 않았을 때

질소를 넣으면 과자가 바스러지지 않아요.
특히 감자 칩처럼 얇고 바삭한 과자 포장에
필요하지요.

어떤 과자 봉지는 왜 바짝 쪼그라져 있을까요?

얇게 쪼그라든 과자 봉지는 진공 팩이라고 해요. 안의 공기를 모두 뽑아내어 음식을 신선하게 지킬 수 있어요.

세균은 산소가 있어야 살 수 있어요. 포장지 안에 산소가 없으면 세균도 쉽게 번식할 수 없지요.

산소가 있을 때

세균이 너무 많아서 우리가 금방 상하고 말아!

산소가 없을 때

진공 팩으로 포장한 음식은 눌려도 괜찮아야 해요. 견과류나 말린 오징어 같은 간식이 진공 팩으로 포장하기에 적당하죠.

하하! 세균이 없으니 우리도 멀쩡하지!

부피가 작으니까 몽땅 가져갈 수 있어서 좋네!

호기심

1장 호기심

03
촛불은 왜 불어도 잘 꺼지지 않을까?

초 안에 든 실 같은 건 뭘까요?

양초 속에 있는 실을 심지라고 불러요. 바로 이 심지가 있어서 양초에 불을 붙일 수 있어요. 심지가 없으면 양초에 불을 붙일 수 없답니다.

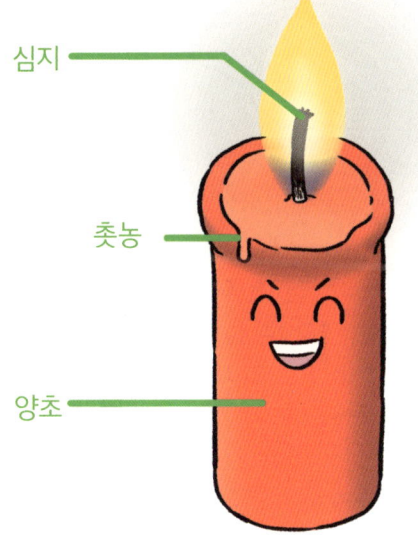

- 심지
- 촛농
- 양초

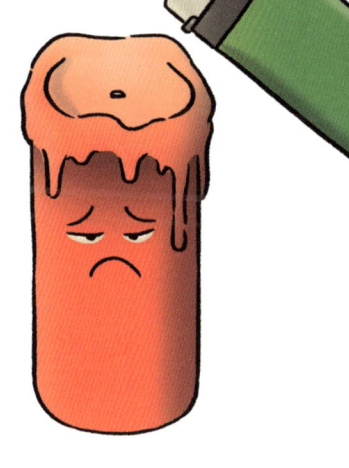

심지가 있는 양초

심지에 불을 붙이면 초가 녹아서 촛농이 돼요. 촛농은 아주 뜨겁지만 식으면 다시 딱딱하게 굳어요.

심지가 없는 양초

심지가 없는 양초는 불에 닿으면 녹을 수는 있어도, 불이 붙지 않아서 탈 수가 없어요.

 양초에는 심지가 왜 필요할까요?

❶ 양초에 불이 붙지 않게 하기 위해서

❷ 양초에 불이 붙게 하기 위해서

정답 : ❷

양초의 기름을 빨아들이는 심지

양초의 심지는 보통 무명실이어서 양초의 촛농을 빨아들이기에 적당해요. 심지가 빨아들인 양초의 촛농은 불에 타서 더 뜨거워져요. 뜨거워진 촛농은 파라핀 증기로 변해요. 이 증기는 위로 날아가며 끊임없이 *연소돼요. 파라핀 증기야말로 양초가 계속 타오르게 하는 비결인 셈이죠.

얼음에 열을 더하면 수증기가 되는 것처럼 양초에도 열을 더하면 파라핀 증기가 되는 거네!

와, 톡톡이 대단해!

 * 연소는 물질이 산소와 만나서 많은 빛과 열을 내는 거야.

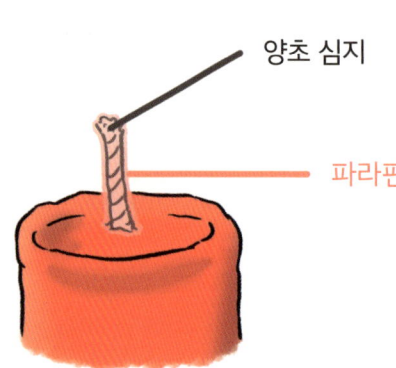

양초 심지
파라핀

1 새 양초의 심지를 얇은 파라핀이 덮고 있어요.

2 뜨거운 불은 먼저 심지 바깥의 파라핀을 녹여 촛농으로 만들어요.

3 촛농에 계속 열을 가하면 파라핀 증기로 바뀌어요.

4 심지에 불을 붙이면 파라핀 증기가 계속 연소하게 해요. 심지 아래의 양초도 녹아서 촛농이 되지요.

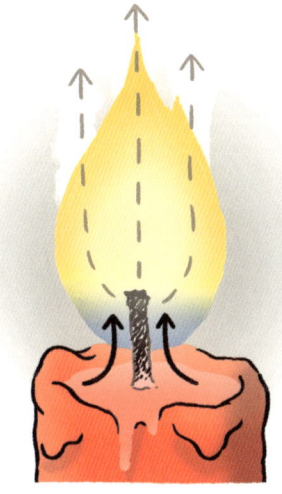

5 촛농은 심지를 타고 올라가 흡수돼서 계속해서 파라핀 증기로 바뀌어요. 덕분에 양초는 쉼 없이 타오를 수 있어요.

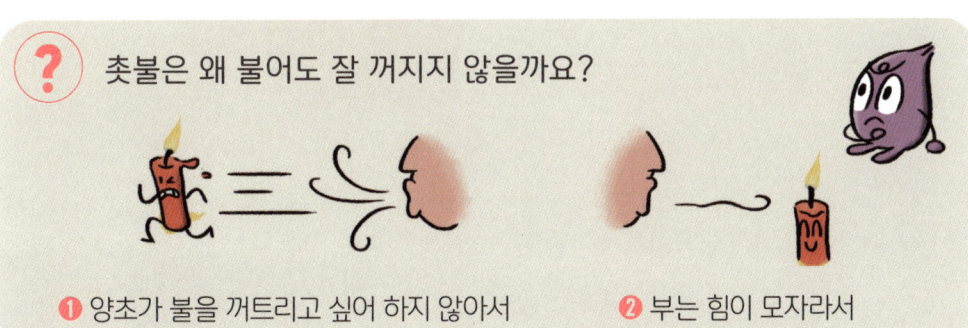

? 촛불은 왜 불어도 잘 꺼지지 않을까요?

❶ 양초가 불을 꺼트리고 싶어 하지 않아서 ❷ 부는 힘이 모자라서

정답 : ❷

촛불을 끄려면 있는 힘껏 불어요

입으로 있는 힘껏 불어야 충분한 바람이 생겨서 불을 완전히 끌 수 있어요.

1 양초에 열을 계속 가하면 촛농도 계속해서 파라핀 증기로 바뀌어요. 이 파라핀 증기 덕분에 불꽃은 계속 탈 수 있지요.

2 입으로 바람을 불면 파라핀 증기가 날아가 불꽃이 작아져요.

촛불을 부는 힘이 파라핀 증기를 몰아낼 만큼 세지 않으면 촛불은 계속 타올라요.

내가 부는 힘이 모자라서 촛불이 안 꺼졌구나!

3 입에서 나오는 찬바람은 불꽃을 차갑게 만들고, 금세 꺼지게 하지요.

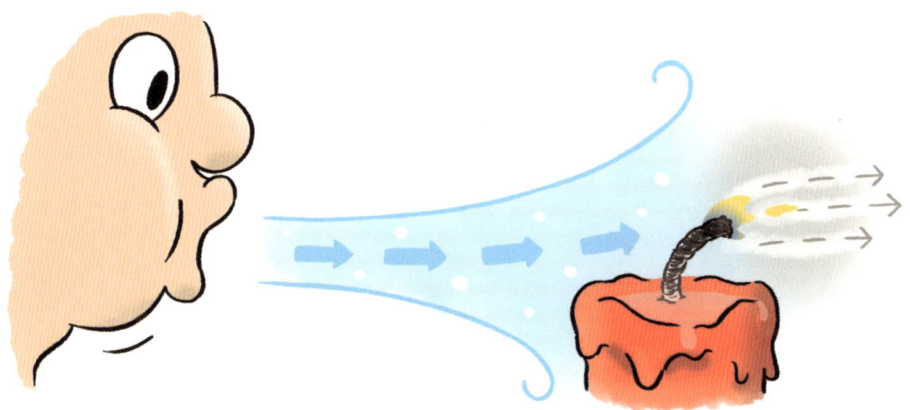

불이 막 꺼진 양초의 심지는 아직 살짝 뜨거워서 촛농을 파라핀 증기로 만들 수 있어요. 막 꺼진 양초에서 올라오는 하얀 연기가 바로 파라핀 증기랍니다.

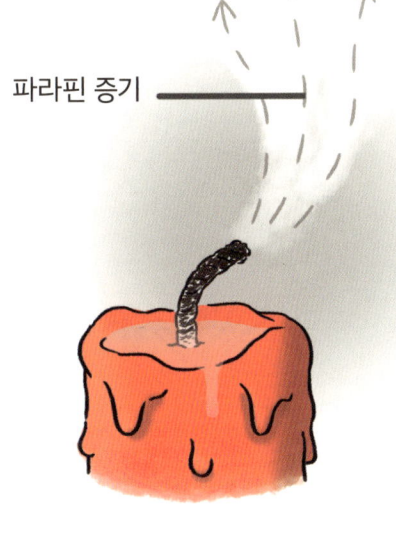

파라핀 증기

내가 같이 불어 줄게!

1장 호기심

04
우리가 돈을 만들어도 될까?

돈에는 어떤 비밀이 숨어 있을까요?

돈은 중앙은행에서 만들어지기 때문에 톡톡이가 만든 가짜 돈은 사용할 수 없어요.

위조를 막기 위해 돈에는 작은 비밀이 잔뜩 숨어 있어요!

호기심

① 비교해 보기
지폐의 앞뒤를 살펴보세요. 각각 어떤 그림이 있나요?
앞면에는 유학자 퇴계 이황과 명륜당, 매화가 있고, 뒷면에는 화가 정선이 도산서원을 그린 '계상정거도'라는 그림이 있어요.

② 빛에 비춰 보기
빛을 향해 지폐를 비춰 보면 ②가 가리키는 곳에 어떤 숫자가 숨어 있나요?

③ 또 한 번 빛에 비춰 보기
③이 가리키는 곳에 어떤 인물이 숨겨져 있나요?

④ 비스듬히 보기
전통 무늬가 있는 이 부분을 비스듬히 기울여서 봐요. 어떤 글자가 보이나요?

⑤ 흔들어 보기
지폐를 살짝 흔들어 봐요. 점선이 어떻게 보이나요?

⑥ 만져 보기
숫자 아래 점은 왜 있을까요? 만져 보면 뭔가 다르지 않나요?

1장 호기심

1 앞뒤 그림이 달라요

앞면에는 유학자 퇴계 이황과 명륜당, 매화가 있고, 뒷면에는 화가 정선이 도산서원을 그린 '계상정거도'라는 그림이 있어요.

2 빛에 비춰 봐요

빛에 비춰 보면 1000이라는 숫자가 숨어 있어요. 가짜 돈은 비춰 봐도 숫자가 없지요.

3 이번엔 여기를 비춰 봐요

앞면에 있는 퇴계 이황이 여기에도 있네요. 가짜 돈은 비춰 봐도 이황이 나타나지 않지요.

난 이황 선생님 찾았지롱!

1000이잖아!

④ 비스듬히 기울여 봐요

감춰졌던 WON이 보여요. 볼록 인쇄 기법으로 인쇄한 거예요. 컬러프린터로 복사하면 이렇게 할 수 없지요.

⑤ 점선이 반짝여요

지폐를 흔들면 다섯 개의 점선이 반짝거려요.

⑥ 1000 아래 점이 볼록 튀어 나왔어요

천원 지폐 오른쪽 윗부분 1000 숫자 아래 점을 만져 봐요. 진짜 돈은 이 부분을 볼록하게 인쇄해요. 시각장애인들이 이곳을 만져 보고 지폐의 금액을 알 수 있도록 한 거예요. 가짜 돈은 이렇게 인쇄할 수 없지요.

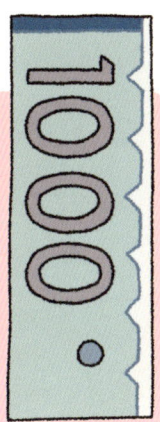

현금 인출기에서 어떻게 돈을 찾을 수 있을까요?

우리는 먼저 은행에 돈을 저금해야 현금 인출기에서 돈을 찾을 수 있어요.

- 컴퓨터
- 카드 투입구
- 현금·수표 입출금부
- 키패드
- 지폐 보관함

내가 하는 거 잘 봐. 너도 할 수 있어!

1. 카드 투입구에 현금 입출금 카드를 넣어요.

2. 비밀번호를 눌러 신분을 확인해요. 다른 사람이 몰래 돈을 찾아 가지 못하게 하려면 비밀번호는 나만 알고 있어야 해요.

3. 화면에서 '출금'을 선택하고, 찾을 돈의 금액을 누르면 돼요.

4. 현금 인출기 내부의 컴퓨터가 확인을 마치면, 현금·수표 입출금부로 돈이 나와요.

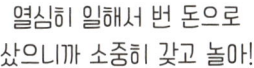

1장 호기심

05
식물이 사람도 삼킬 수 있을까?

벌레를 잡아먹는 식충 식물

식물이 살아가려면 단백질이 필요해요.
식물이 자라는 땅에 단백질이 부족해지면,
식물은 벌레를 잡아먹어서라도 영양소를 보충해야 해요.
이런 식물을 바로 식충 식물이라고 부르죠.

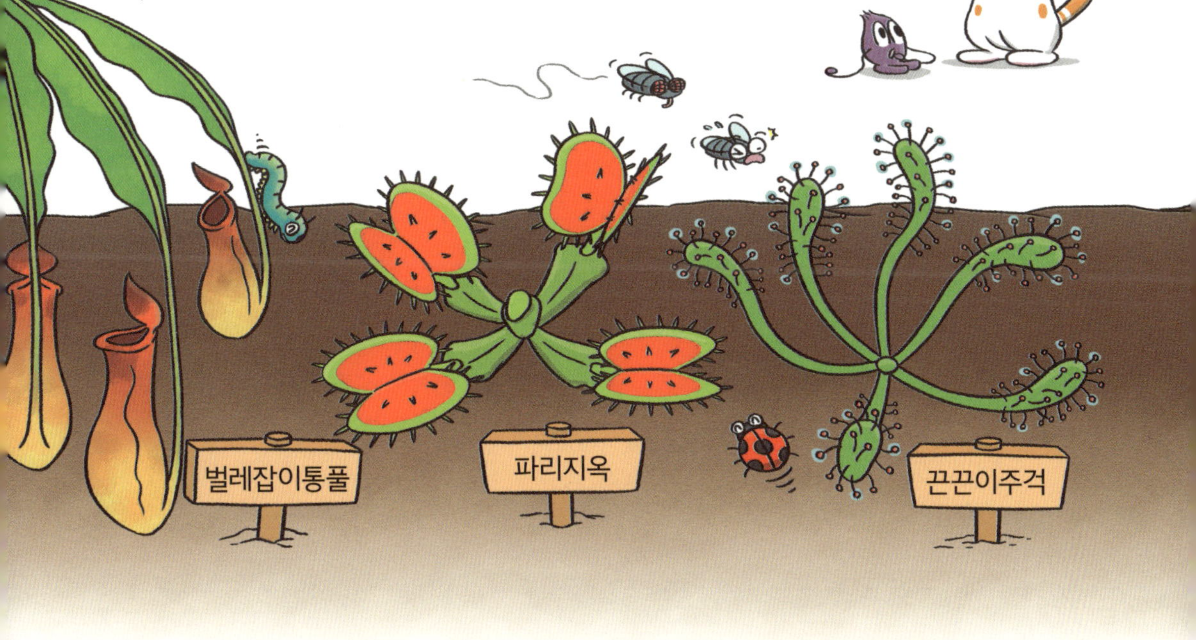

> 단백질은 식물에게 꼭 필요한 영양소 중에 하나야!

벌레잡이통풀 · 파리지옥 · 끈끈이주걱

? 식충 식물은 어떻게 곤충을 잡을까요?

❶ 끈끈한 성분으로   ❷ 곤충을 속여서   ❸ 곤충을 물어서

정답 : ❶❷❸

식충 식물이 곤충을 잡는 방법

끈끈이주걱 　끈끈한 액체로 잡아요

끈끈이주걱은 잎에 끈끈한 샘털이 붙어 있어요. 작은 벌레들이 끈끈이주걱에 가까이 다가가면 달라붙게 되어 도망갈 수 없어요.

1
끈끈이주걱 잎의 샘털은 달콤한 액체를 분비해 곤충들을 유혹해요.

2
이 액체는 매우 끈적해서 곤충이 먹고 나면 옴짝달싹할 수 없게 돼요.

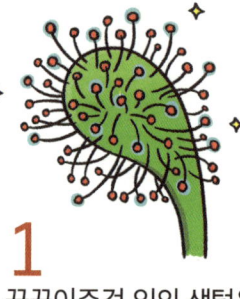

3
끈끈이주걱의 잎은 서서히 곤충을 감싸 자신의 영양분으로 흡수해요.

에고, 달콤함에 끌려 죽게 될 줄이야……

4
영양분을 다 빨아먹으면 끈끈이주걱의 잎은 다시 열려요.

잎　샘털　끈끈이 액

벌레잡이통풀 함정으로 잡아요

벌레잡이통풀은 통 모양의 벌레 잡이 도구를 갖고 있어요. 이 통은 매우 미끄러워요. 곤충이 한 번 들어가면 함정 같아서 다시 기어 나올 수 없어요.

뚜껑

벌레잡이 통

소화액

1 벌레잡이통풀의 뚜껑에는 꿀샘이 있어 곤충을 유혹해요.

2 곤충이 작은 통 속에 빠지면 너무 미끄러워 올라올 수 없어요.

3 통 바닥에 있는 액체는 곤충을 소화해서 영양분을 흡수해요.

파리지옥 덫으로 잡아요

파리지옥의 입은 커다란 2개의 집게처럼 생겼어요. 이 집게가 꽉 닫히면 곤충은 파리지옥의 간식거리가 되고 말아요.

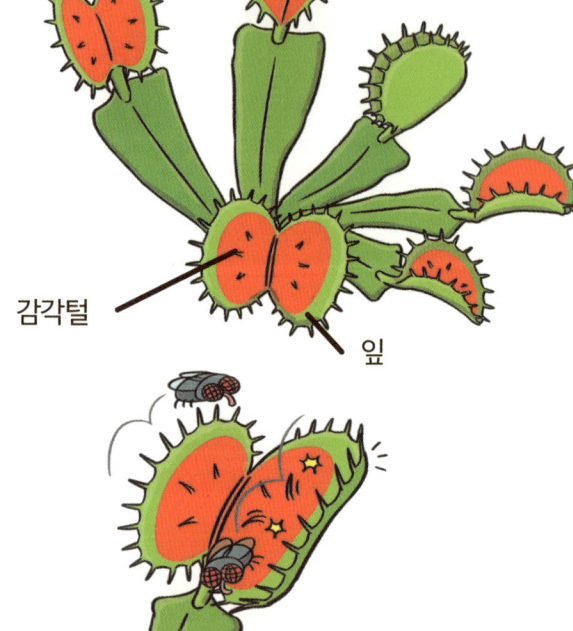

감각털 잎

1
파리지옥 잎의 가장자리에는 달콤한 액체가 있어서 곤충을 유혹해요.

2
곤충이 날아들어 파리지옥의 감각털을 두 번 이상 건드리면요.

3
파리지옥이 재빨리 잎을 꽉 닫아 버려요.

4
파리지옥 잎은 7~10일에 걸쳐 곤충을 소화한 뒤 영양분을 흡수해요.

통발 빨아서 먹어요

통발은 엄청나게 많은 물을 빨아들일 수 있는 주머니가 있어요. 한번 이 안으로 빨려 들어간 작은 동물은 밖으로 나오지 못하고 결국 통발에게 잡아먹히고 말아요.

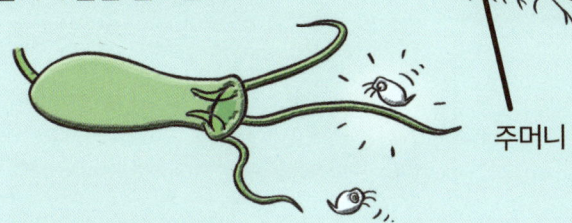

잎, 털, 주머니 입구, 주머니

1 작은 동물이 실수로 털에 부딪치면 뚜껑이 열리듯이 통발의 주머니 입구가 벌어지면서 갑자기 물을 빨아들여요.

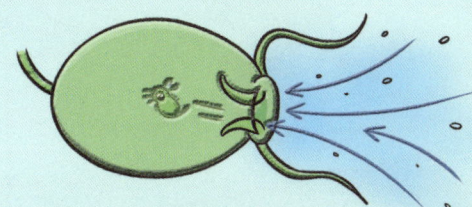

2 주머니가 물을 빨아들일 때 작은 동물들도 함께 빨려 들어가죠.

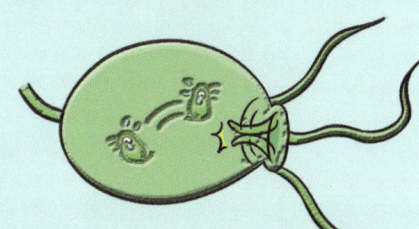

3 주머니 입구가 닫히면 작은 동물은 밖으로 나가지 못하고 통발의 영양분이 돼요.

06
달걀은 왜 동그랄까?

> 암탉은 어떻게 달걀을 깨뜨리지 않을 수 있을까요?

달걀은 전체적으로 둥글지만 한쪽이 뭉툭하고 다른 한쪽은 뾰족하게 생겼어요.
이런 모양은 압력에 강해 암탉이 알을 품어도 쉽게 깨지지 않아요.

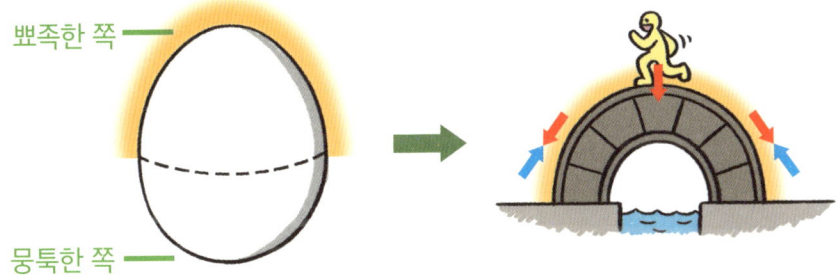

달걀 껍데기의 형태는 둥근 아치 모양인데요. 우리가 아는 아치형 다리나 둥근 지붕과 모양이 똑같아요.

그랬구나. 그럼 살 안 빼도 되겠네!

둥근 아치 모양은 매우 단단해서 무게를 달걀 껍데기의 다른 곳으로 나눠 보낼 수 있어요. 덕분에 달걀이 쉽게 깨지지 않죠.

호기심

1장 호기심 35

단단한 달걀 껍데기는 어떻게 만들어질까요?

암탉의 배 속에 처음에는 노른자밖에 없어요. 그 뒤 흰자가 나타나 점차 노른자의 바깥 부분을 감싸요. 암탉이 알을 낳기 직전에는 달걀 껍데기가 흰자 전체를 감싸게 되지요.

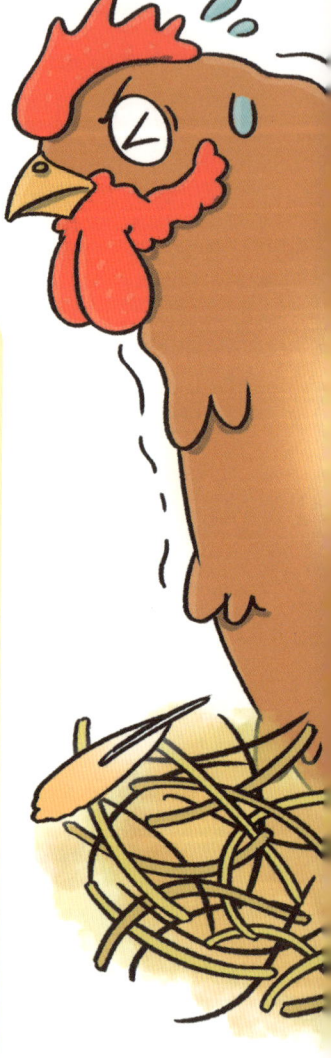

달걀 안에는 뭐가 있을까요?

달걀 껍데기는 세균이 안으로 들어오지 못하게 막아 병아리가 안전하게 자랄 수 있도록 지켜요. 노른자 안의 수정체는 머지않아 병아리로 자라고요.

흰자　노른자　달걀 껍데기

수정체

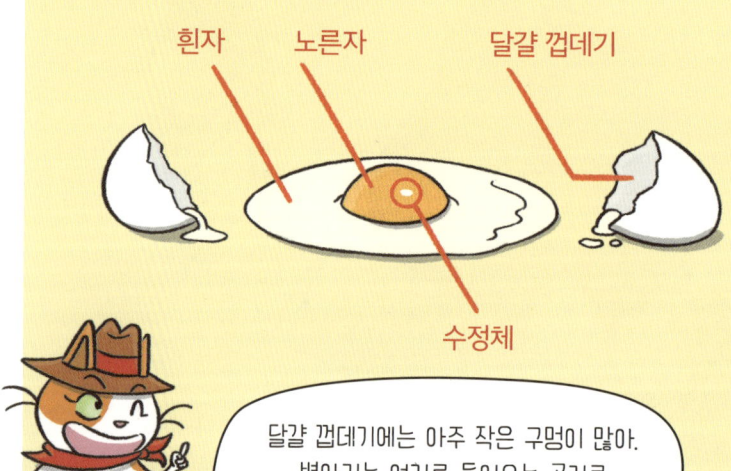

달걀 껍데기에는 아주 작은 구멍이 많아. 병아리는 여기로 들어오는 공기로 숨을 쉬지.

❶ 암탉의 난소에서 노른자 하나가 만들어져요.

❷ 노른자는 알의 이동을 맡고 있는 작은 관인 난관으로 들어가지요.

❸ 난관에서는 흰자를 만들어 노른자를 감싸요.

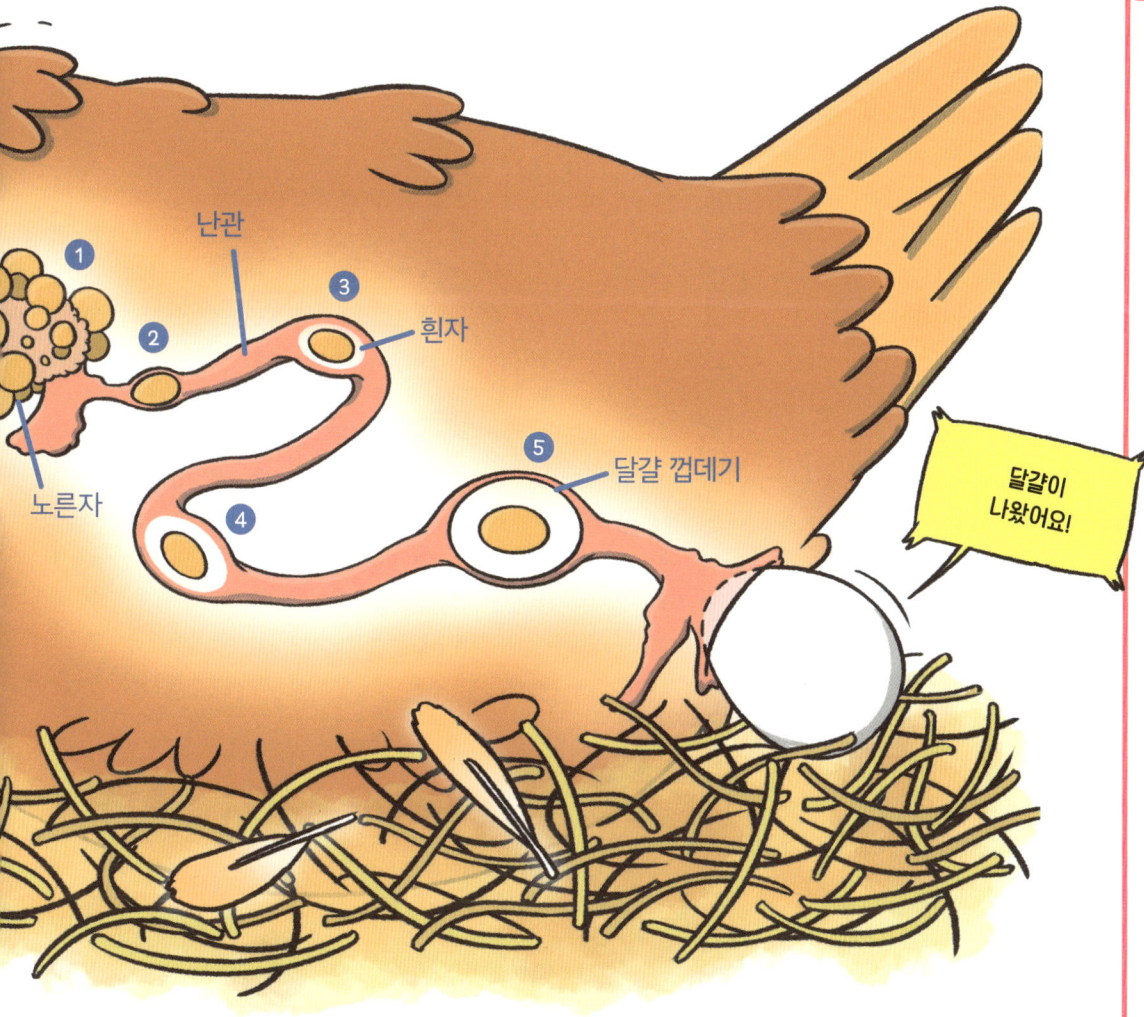

❹ 흰자는 시간이 지날수록 커지고 많아져요.

❺ 알을 낳기 직전에 난관에서는 특별한 점액이 만들어져 알 가장 바깥쪽을 얇게 감싸요. 이것이 딱딱해지면서 달걀 껍데기가 돼요.

> 사람도 알을 낳을 수 있을까요?

알을 낳는 동물을 '난생 동물'이라고 해요. 사람이나 개, 고양이는 바로 아기를 낳아요. 이런 동물을 '태생 동물'이라고 해요.

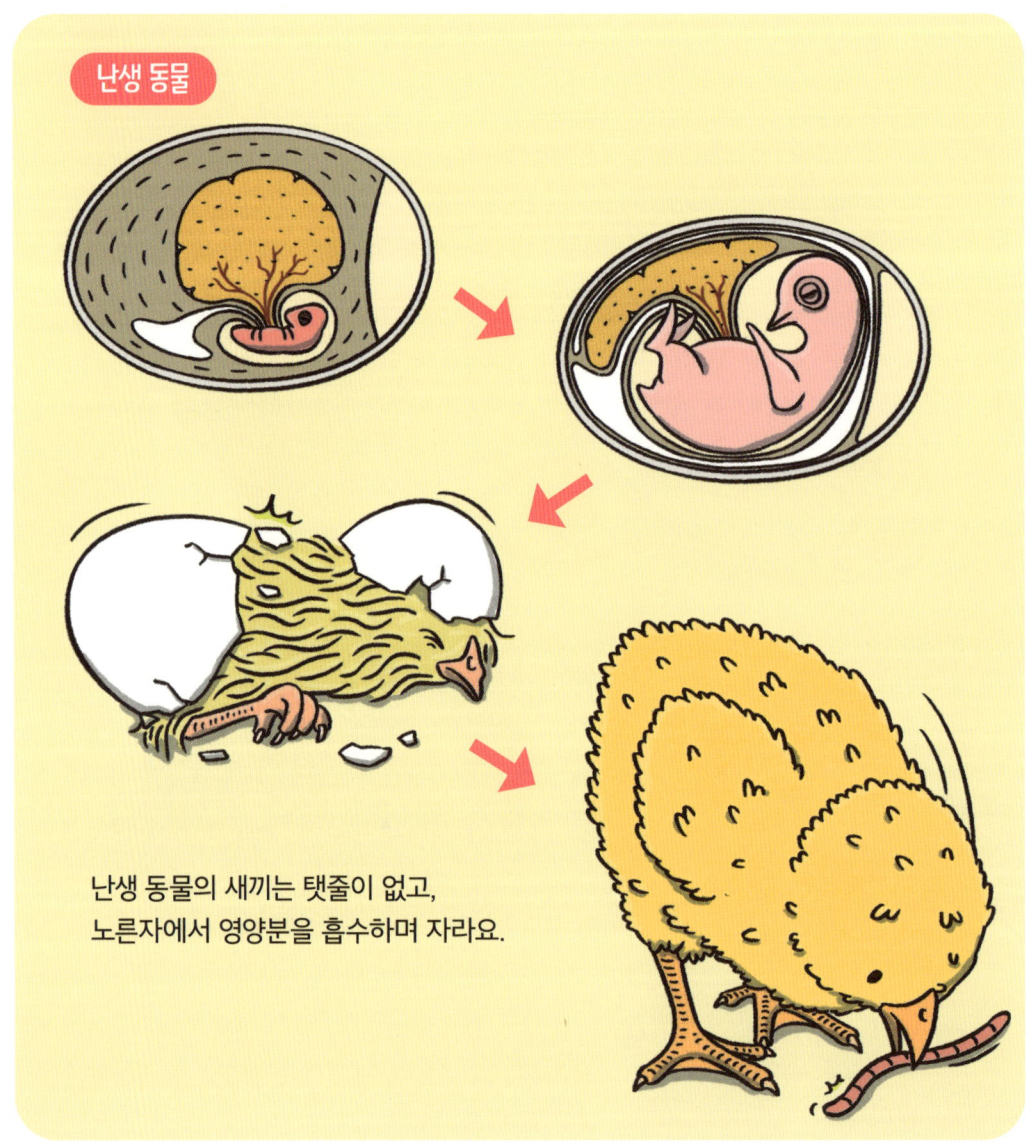

난생 동물

난생 동물의 새끼는 탯줄이 없고, 노른자에서 영양분을 흡수하며 자라요.

태생 동물

태생 동물의 아기는 배 속에 탯줄이 있어요. 아기는 배 속에서 탯줄을 통해 엄마의 영양분을 흡수해 천천히 자라요.

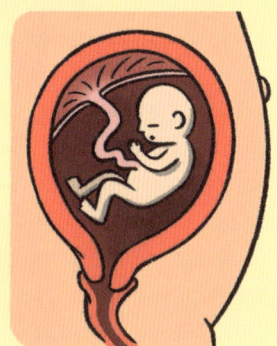

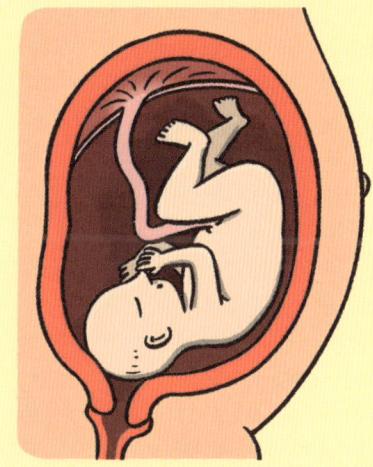

엄마 덕분에 내가 있는 거잖아. 갑자기 똑똑별에 계신 엄마가 보고 싶어서 그래!

꽁냥아, 갑자기 왜 울어?

07 풍선은 어디로 날아갔을까?

풍선은 어떻게 날아오를 수 있을까요?

모든 풍선이 날아오를 수 있는 것은 아니에요. 풍선에 헬륨을 가득 넣어야만 가능한데요. 헬륨은 공기보다 가볍기 때문에 우리가 손을 놓으면 풍선이 날아가 버려요.

공기보다 가벼운 헬륨을 풍선에 가득 채워요.

헬륨 풍선은 놓치면 날아가!

공기보다 무거운 입김으로 풍선을 불어요.

내가 입으로 분 풍선은 날 수 없어!

08 연필은 왜 쓸수록 짧아질까?

쓸수록 짧아지는 연필의 비밀!

우리가 연필로 글씨를 쓰면 연필의 심은 울퉁불퉁한 종이에 긁히면서 길이가 점점 짧아져요!

연필 심이 흑연이란 말이지?

응, 흑연은 탄소로 이뤄졌는데 잘 부스러져.

연필의 심은 주로 흑연으로 만들어요.

긁힌 흑연은 가루가 되어 종이에 남아요.

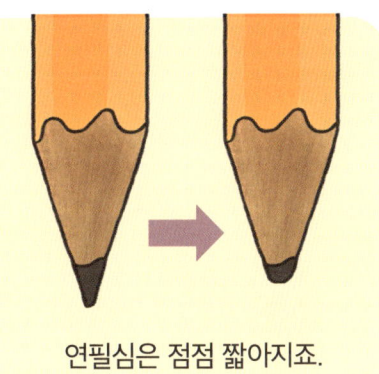

연필심은 점점 짧아지죠.

연필은 지우개로 지워지는데, 다른 펜은 왜 안 될까요?

연필

연필의 흑연은 종이의 겉면에만 남아요. 흑연은 고무지우개로 문지르면 고무에 쉽게 달라붙어 깨끗이 지워져요.

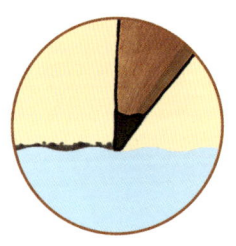 

크레파스

크레파스는 연필과 마찬가지로 종이 위에 남아요. 하지만 크레파스의 왁스는 종이 안으로 스며들어 지우개로는 지울 수 없어요.

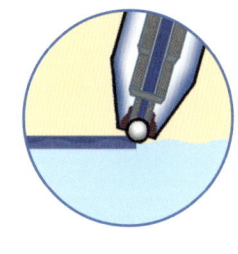

 볼펜

볼펜의 펜촉에는 아주 작은 쇠구슬이 하나 있어요. 우리가 글씨를 쓸 때 이 쇠구슬이 돌면서 심 안에 있는 잉크가 종이에 스며들어요. 지우개로 지워지지 않지요.

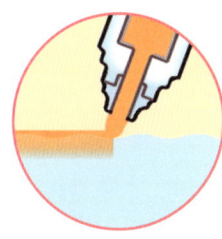 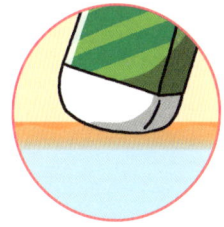

 유성펜

유성펜은 볼펜처럼 잉크가 종이에 스며들어 지우개로 지울 수 없어요.

아하, 펜마다 다르구나!

2장 내 물건

자석은 어떻게 냉장고에 붙지?

왜 '자석'이라고 부를까요?

자석은 진짜 철은 아니에요.
자석이란 이름도 자애로운 돌이란 뜻에서 비롯됐대요.

자석은 어떻게 냉장고에 붙을까요?

자석은 종이나 플라스틱 캔, 유리병, 옷에는 붙지 않지만 냉장고에는 붙을 수 있어요. 냉장고 문에 철이 한 겹 둘러져 있기 때문이에요. 이렇게 자석이 냉장고를 끌어당기는 힘을 자력이라고 불러요.

지구는 아주 커다란 자석과 같아서 자성을 갖고 있어요. 우리의 손 위에 얹은 자석이 자유롭게 회전할 수 있다고 가정했을 때, 그 자석이 끌어당겨져 북쪽을 가리킨다면 이를 '북극을 가리킨다'라고 해요. 또한 그 자석이 남쪽을 가리킨다면 이를 '남극을 가리킨다'라고 하죠.

자석 양끝은 특히 자력이 강해 북극을 가리키는 쪽을 N이라고 하고, 남극을 가리키는 쪽을 S라고 해요.

다른 극끼리 만나면

N극이 S극에 다가가면 두 극은 서로를 끌어당겨요.

같은 극끼리 만나면

하지만 N극이 N극에 다가가면 서로를 밀어내 가까워질 수 없어요.

S극이 S극에 다가가도 마찬가지로 서로를 밀어내요.

눈에 보이지는 않지만 냉장고 문의 철판 속은 수많은 작은 자석이 숨겨져 있어요. 다만 이 작은 자석들은 평소에 제멋대로 놓여 있어 자성이 없는 것처럼 보여요.

하지만 철판 속 작은 자석들이 같은 방향으로 가지런히 놓이면 아주 강한 자성을 갖게 돼죠.

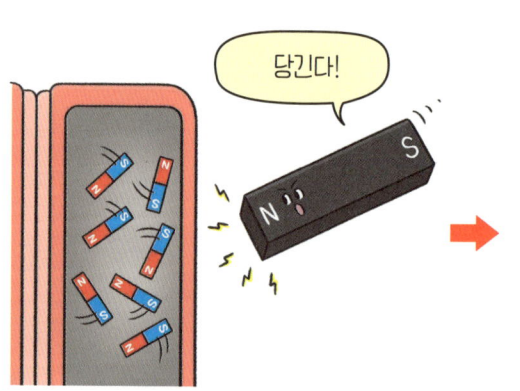

바깥에서 자석이 냉장고 문에 다가가면 그 자석이 내뿜는 자력 때문에 철판 속의 작은 자석들은 가지런히 놓이게 돼요.

그러면 자석과 냉장고 문의 철판이 서로를 쭉 끌어당기죠!

도전, 냉장고 자석 놀이

냉장고에 붙이는 자석과 클립을 준비해서 다음의 순서에 따라 게임을 해 봐요.

1. 먼저 자석으로 클립 하나를 붙여요.

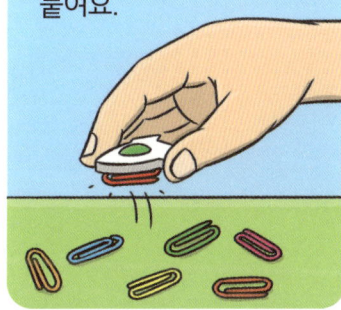

2. 첫 번째 클립으로 두 번째 클립을 붙여요.

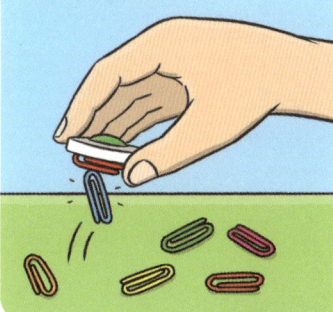

3. 두 번째 클립으로 세 번째 클립을 붙여요.

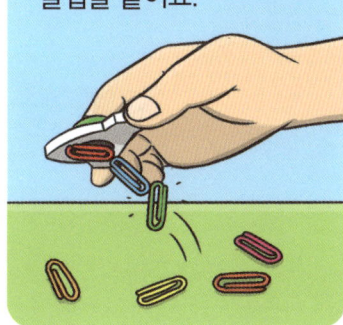

4. 친구와 함께 누가 더 많이 붙일 수 있는지 게임을 해 봐요.

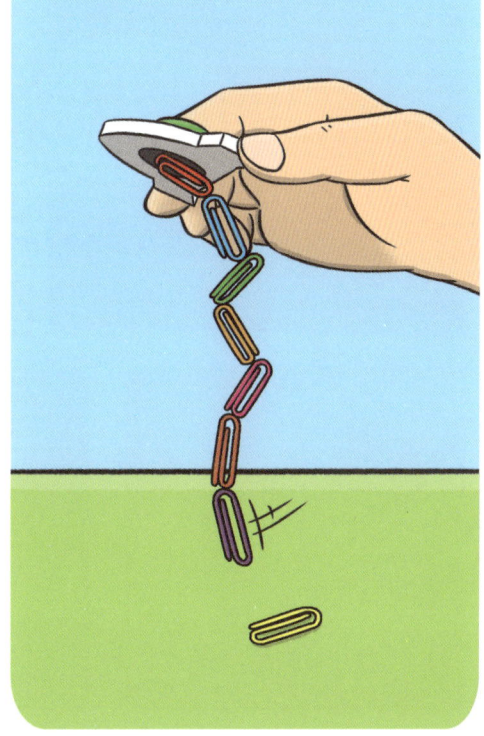

10 자전거는 어떻게 앞으로 나갈까?

브레이크를 잡으면 자전거가 왜 멈출까요?

자전거 손잡이에 있는 브레이크는 브레이크 라인과 연결되어 있어 손으로 잡으면 브레이크 라인이 꽉 당겨지면서 브레이크 패드가 양쪽에서 바퀴를 잡아 자전거가 멈추게 돼요.

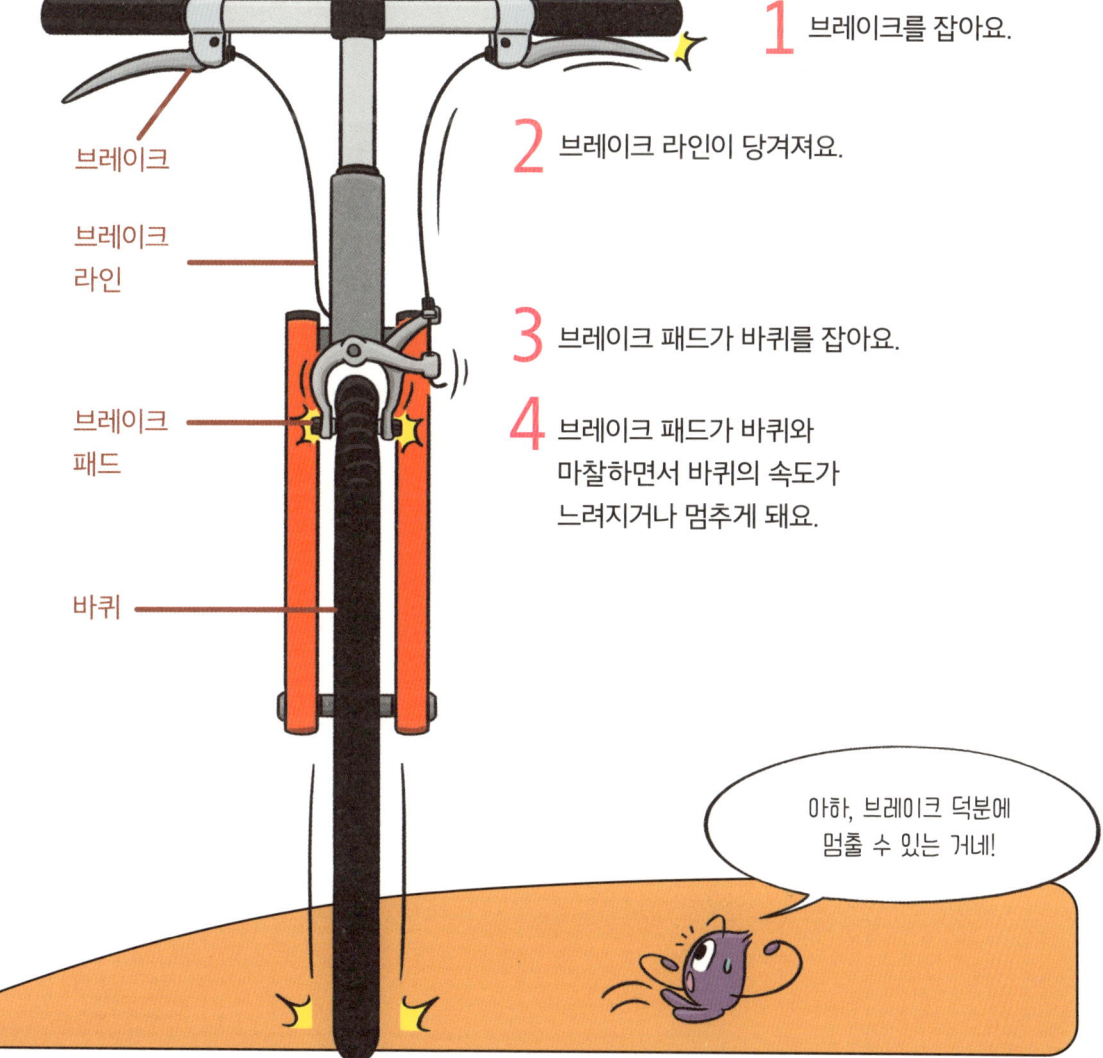

1 브레이크를 잡아요.

2 브레이크 라인이 당겨져요.

3 브레이크 패드가 바퀴를 잡아요.

4 브레이크 패드가 바퀴와 마찰하면서 바퀴의 속도가 느려지거나 멈추게 돼요.

브레이크

브레이크 라인

브레이크 패드

바퀴

아하, 브레이크 덕분에 멈출 수 있는 거네!

페달을 밟으면 자전거가 왜 앞으로 갈까요?

자전거를 자세히 살펴봐요. 페달과 기어, 체인이 보이나요? 바로 이 세 가지 부품이 힘을 합치면 자전거가 쌩쌩 앞으로 나갈 수 있어요.

① 페달은 앞 기어와 연결되어 있어요. 페달을 밟으면 앞 기어도 함께 따라서 한 바퀴 돌아가죠.

② 체인이 기어에 걸리면 기어가 돌 때마다 체인도 돌아요.

③ 체인이 돌면 뒤 기어도 돌아가고요.

④ 뒤 기어는 뒷바퀴의 바퀴 축과 연결되어 있어요. 뒤 기어가 돌아가면 뒷바퀴도 함께 돌아가요.

⑤ 이렇게 뒷바퀴가 앞쪽으로 돌아가면서 바닥을 밀어 자전거가 앞으로 나가게 되는 거예요.

와, 앞으로 간다!

바퀴는 왜 둥글까요?

5000여 년 전부터 사람들은 둥근 모양의 바퀴를 사용했어요. 삼각형이나 사각형의 바퀴는 평지에서 움직일 수 없거든요. 오직 둥근 바퀴만이 평편한 땅에서 안정적으로 앞으로 나아갈 수 있죠.

삼각형과 사각형 바퀴는 특수한 모양의 길에서만 앞으로 나갈 수 있어요.

길은 대개 평편하니까 둥근 바퀴가 제일 좋아!

둥근 바퀴만이 평지에서 부드럽게 앞으로 나갈 수 있어요.

11 나뭇잎은 왜 노란색으로 변할까?

나뭇잎은 왜 색이 변할까요?

일 년 내내 잎이 푸른 나무도 많아요. 그런데 가을이 되면 잎이 노란색이나 주황색 또는 붉은색으로 변하는 나무도 있어요. 날씨가 추워져서 그래요.

가을에 잎이 노란색이나 붉은색으로 바뀌는 나무를 낙엽수라고 해요. 이런 나무는 잎의 색깔만 변하는 게 아니라 겨울이면 잎이 다 떨어지거든요.

봄, 여름 → 가을 → 겨울

앗, 잎이 다 떨어졌어!

나뭇잎 속에는 여러 색의 색소가 들어 있어요. 봄, 여름에는 초록색의 엽록소가 가장 많아서 노란색과 주황색, 붉은색의 색소를 가리고 있죠. 그래서 나뭇잎도 초록색으로 보이는 거랍니다.

3장 식물의 생활

나뭇잎이 왜 노란색이나 주황색, 붉은색으로 변할까요?

계절이 추운 겨울로 들어서면 햇빛과 수분이 줄어들게 돼요. 그러면 나무는 소중한 수분을 공기 중으로 빼앗기지 않도록 잎을 떨어뜨려요. 그런데 똑똑한 나무는 잎이 떨어지기 전에 그 잎에 있는 엽록소를 뽑아서 간직해요. 엽록소가 헛되이 바닥에 떨어지는 걸 막기 위해서죠. 바로 이때 엽록소가 사라지면서 나뭇잎의 노란색이나 주황색, 붉은색 색소가 보이는 거예요.

나뭇잎에서 초록색의 엽록소가 사라지면 노란색 색소가 드러나요.

12
꽃은 왜 향기가 날까?

꽃은 어떻게 향기를 뿜어낼까요?

꽃은 스스로 향기를 만들어 내요. 꽃의 향수 공장은 바로 꽃잎, 그중에서도 우리 눈에 보이지 않는 유세포 안에 있어요.

유세포는 방향유를 만들어 내요.
이 방향유가 우리의 콧속으로 날아들면
우리는 꽃향기를 맡게 되죠.

어떤 식물들은 잎이나 뿌리, 줄기, 열매에도 유세포가 있어
곳곳에서 특별한 향기가 나기도 해요.

꽃은 왜 향기를 뿜을까요?

① 꽃이 향기를 뿜는 이유는 곤충이 날아와 꽃의 꿀을 빨게 하기 위해서예요.

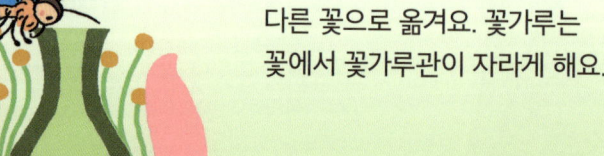

③ 곤충은 꽃을 도와 꽃가루를 다른 꽃으로 옮겨요. 꽃가루는 꽃에서 꽃가루관이 자라게 해요.

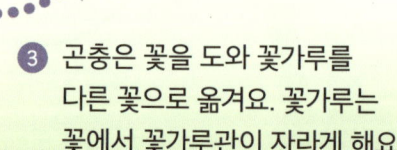

② 꽃가루는 크기가 아주 작아 곤충이 꿀을 빨 때 곤충의 몸에 묻게 돼요.

13
나무의 나이는 어떻게 알지?

나무의 나이는 어떻게 계산할까요?

나무는 나이를 계산하기 어려워요. 하지만 어떤 나무들은 나이테가 있어서 나이를 계산할 수 있어요.

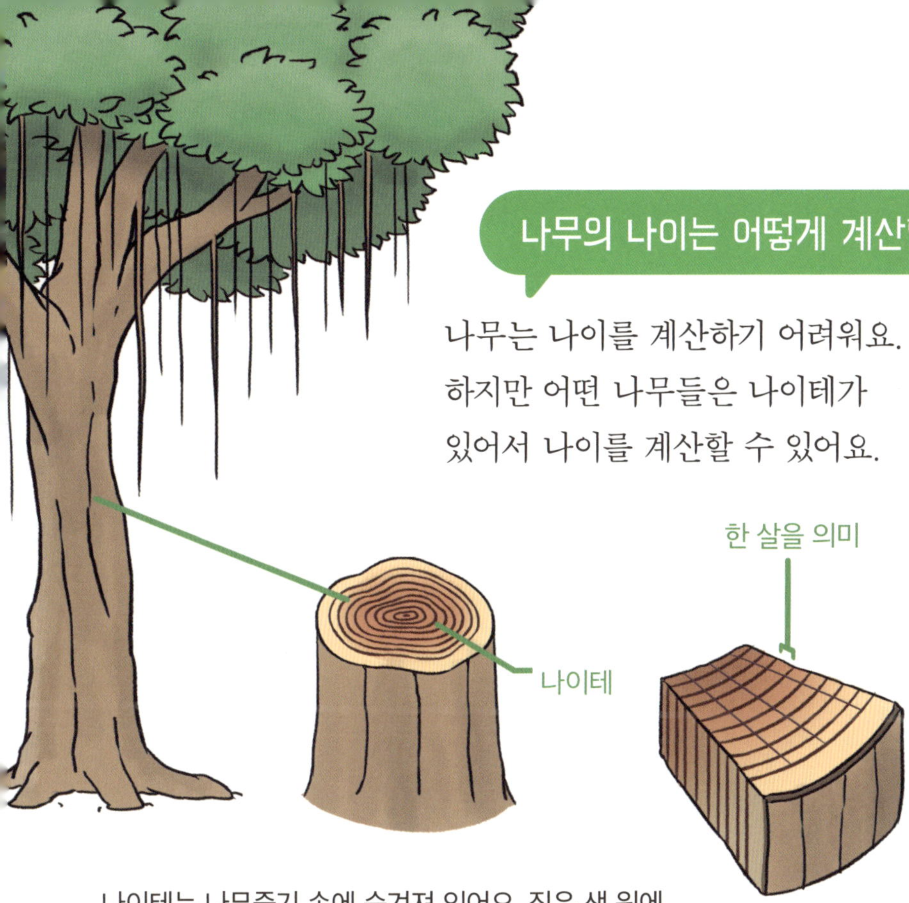

나이테

한 살을 의미

나이테는 나무줄기 속에 숨겨져 있어요. 짙은 색 원에 연한 색 원이 더해지면 한 살이 돼요. 나이테가 몇 개인지 세면 나무의 나이를 알 수 있지요.

나이테가 너무 많아서 눈이 팽팽 돌고 어지러워.

식물의 생활

❓ 왜 나이테의 원 하나는 깊고, 그 다음 원 하나는 얕을까요?

❶ 그게 예쁘니까
❷ 마법에 걸려서
❸ 춥고 더운 계절의 변화 때문에

답 : ❸

3장 식물의 생활

계절의 변화로 달라지는 나이테의 깊이

봄과 여름은 따뜻해서 나무가 비교적 빨리 살쪄요. 한편 가을과 겨울은 추워서 나무가 느리게 살찌죠. 일 년 사계절의 변화가 나이테의 깊고 얕은 깊이를 만드는 비밀인 셈이죠.

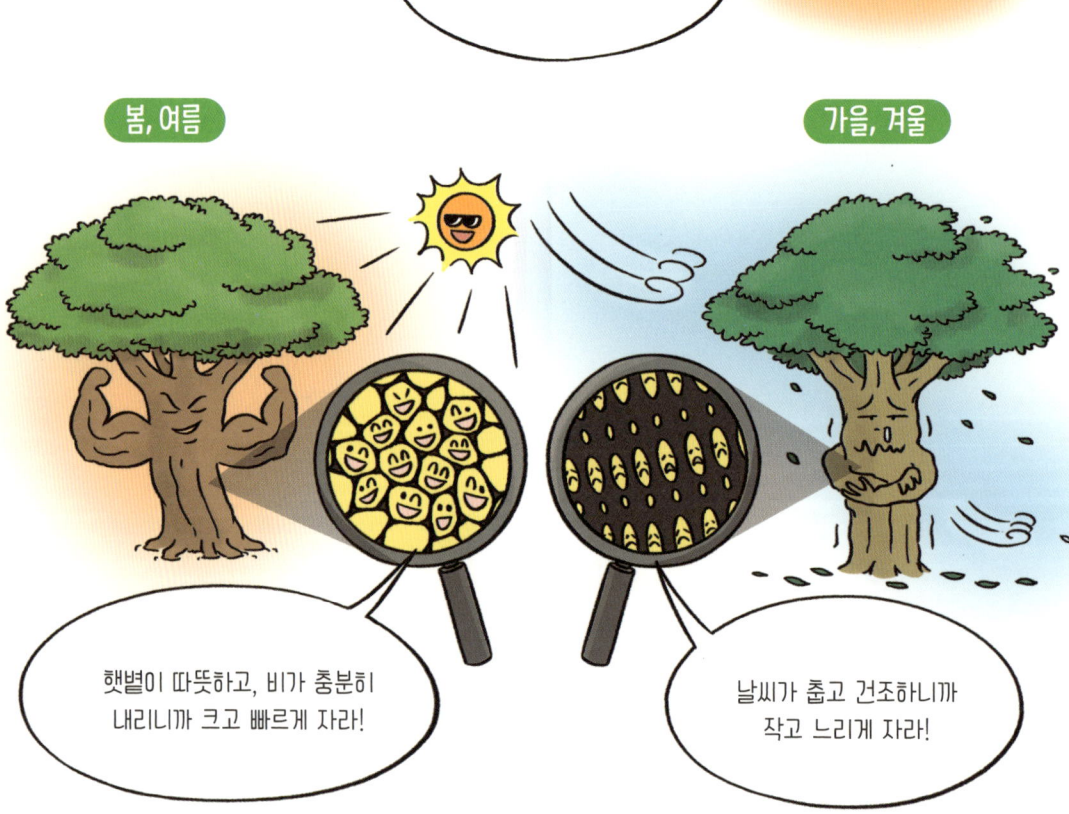

나무줄기는 아주 작은 세포로 이뤄져 있어서 우리 눈에 보이지 않아요. 하지만 끊임없이 새로운 세포가 자라서 나무줄기가 굵어져요.

식물의 생활

"일 년은 봄, 여름, 가을, 겨울이니까 깊은 원 하나에 얕은 원 하나를 더하면 한 살이 된다는 거지?"

"톡톡이 대단한데!"

나이테

봄과 여름에는 세포가 빠르게 자라기 때문에 크기는 크고 색깔은 옅어요. 하지만 가을과 겨울에는 세포가 느리게 자라기 때문에 크기도 작고 색깔도 짙어요.

❓ 바니안나무의 공기뿌리는 계속 자랄까요?

❶ 네, 계속 자라 바닥에 끌릴 수도 있어요.

❷ 아니오, 바닥까지만 자라요.

❸ 아니오, 공기뿌리는 저절로 끊어져요.

❷ : 답정

3장 식물의 생활

바닥까지 자라 기둥이 되는 바니안나무의 공기뿌리

바니안나무의 공기뿌리는 본래 길고 가늘지만 바닥까지 자라면 흙 속으로 들어가 수분과 영양분을 흡수해 점점 기둥처럼 변해요.

식물의 뿌리는 흙속에서 자라요. 하지만 공기뿌리만은 공기 중에 자라기 때문에 공기뿌리라고 불러요.

1
갓 태어난 바니안나무에는 공기뿌리가 없어요.

2
바니안나무가 자라면 공기뿌리도 서서히 자라나요.

3
공기뿌리는 공기 중의 수분을 흡수하기 좋아요.

굵어진 공기뿌리는 바니안나무가 몸을 지탱할 수 있도록 도와요. 덕분에 바니안나무는 아무리 커져도 넘어질 걱정이 없어요.

4
공기뿌리는 바닥까지 자린 뒤, 땅으로 파고 들어가 영양분을 흡수해요.

5
영양분을 충분히 흡수한 공기뿌리는 두꺼워지기 시작해 기둥처럼 변해요.

꽁냥아, 네 수염도 자라서 기둥이 되는 거야?

아니거든!

식물의 생활

3장 식물의 생활

14
식물도 잠을 잘까?

식물도 잠이 필요할까요?

사람은 잠을 자야 기운을 차릴 수 있어요. 그런데 몇몇 식물들도 마치 잠을 자는 것처럼 일정한 시간에 꽃이 닫히거나 잎이 처지기도 해요. 이걸 바로 수면 운동이라고 하죠.

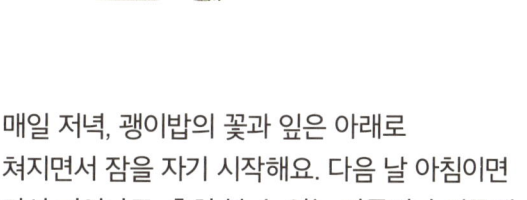

매일 저녁, 괭이밥의 꽃과 잎은 아래로 쳐지면서 잠을 자기 시작해요. 다음 날 아침이면 다시 피어나죠. 흔히 볼 수 있는 땅콩이나 민들레, 미모사도 마찬가지로 잠을 자요.

나무도 잠을 자요. 나무가 잘 때는 가지가 아래로 처지는데 아주 또렷하지 않기 때문에 우리가 알아채기 어려워요.

식물은 언제 잠을 잘까요?

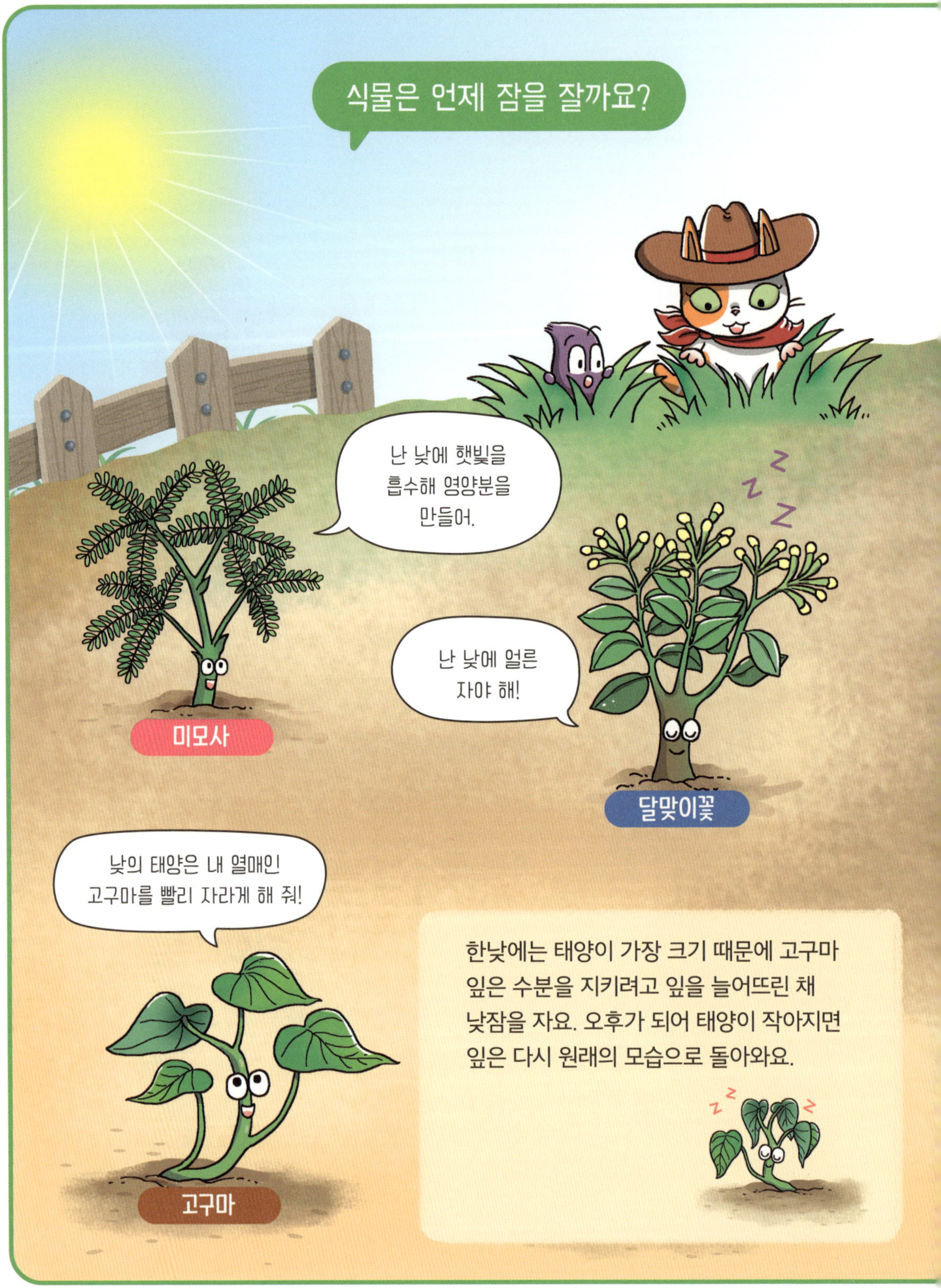

난 낮에 햇빛을 흡수해 영양분을 만들어.

미모사

난 낮에 얼른 자야 해!

달맞이꽃

낮의 태양은 내 열매인 고구마를 빨리 자라게 해 줘!

고구마

한낮에는 태양이 가장 크기 때문에 고구마 잎은 수분을 지키려고 잎을 늘어뜨린 채 낮잠을 자요. 오후가 되어 태양이 작아지면 잎은 다시 원래의 모습으로 돌아와요.

15
선인장은 왜 가시가 있을까?

선인장에는 왜 가시가 자랄까요?

선인장의 고향은 사막이나 반사막으로 비가 아주 적게 오는 곳이에요. 그래서 선인장은 물을 줄기 안에 저장해야 살 수 있어요. 선인장은 배고프고 목마른 작은 동물들이 자신의 귀한 물을 마시는 걸 막으려고 가시로 그들을 쫓아내는 거랍니다.

선인장의 가시는 어디서 왔을까요?

① 선인장에 닭살이 돋은 것이다.
② 선인장의 꽃이 떨어지며 가시가 자란 것이다.
③ 선인장의 잎이 퇴화해 가시가 된 것이다.

❸ : 정답

잎이 퇴화되어 가시가 된 선인장

식물의 수분은 잎에 있는 숨구멍을 통해 날아가요. 그런데 선인장은 물을 아껴야 해서 잎이 가늘고 작게 변했어요. 그래야 물이 허투루 낭비되지 않고 여러 형태의 줄기 속에 잘 저장될 수 있거든요.

숨구멍
식물의 숨구멍이 열리면 여기를 통해 수분이 날아가요.

일반 식물
잎이 크고, 숨구멍도 아주 많아 수분이 쉽게 달아나요.

선인장
잎이 가늘고 작아 숨구멍이 거의 없어서 수분이 쉽게 도망가지 않아요.

선인장의 열매인 용과

선인장은 생김새는 이상하지만 아주 예쁜 꽃을 피우고, 맛있고 과즙이 많은 열매를 맺어요. 우리가 먹는 용과가 바로 커다란 삼각주 선인장의 열매예요.

① 용과 나무의 줄기에는 많은 수분이 저장돼 있어 잎을 대신해 영양분을 만들어 내요.

② 용과 나무는 밤에 하얀색 꽃을 피웠다 이튿날 아침에 져요.

16 팝콘은 어떻게 만들어질까?

팝콘은 무엇으로 만들까요?

고소하고 바삭바삭한 팝콘은 말린 옥수수 알갱이를 튀겨서 만들어요. 이 작은 옥수수 알갱이에는 팝콘을 만들 수 있는 비밀 두 가지가 숨겨져 있답니다.

맛있는 팝콘이 엄청 많네!

옥수수 알갱이의 비밀

1. 겉이 단단해서 물이 통과할 수 없어요
말린 옥수수 알갱이는 겉껍질이 매우 두껍고 단단해서 옥수수 안의 수분을 가둘 수 있고, 수증기가 뚫고 들어갈 수 없어요.

2. 수분을 품고 있어요
옥수수 알갱이는 수분을 갖고 있어서 계속 열을 가하면 그 수분이 수증기로 변해 밖으로 팽창하다 터지게 돼요.

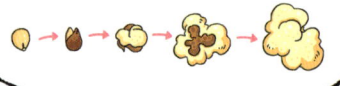

말린 옥수수가 어떻게 팝콘이 돼?

내가 팝콘 만드는 과정을 찬찬히 보여 줄게.

옥수수가 팝콘이 되는 과정

전분
수분

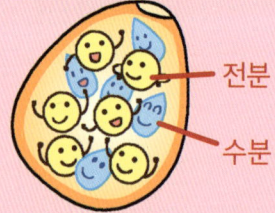

1 옥수수 알갱이 속에는 단단한 전분과 수분이 있어요.

2 불로 열을 가하면 수분이 서서히 수증기로 변해요.

3 수증기는 옥수수의 겉껍질에 갇힌 채 점점 더 쌓이게 돼요. 그러면 원래 딱딱했던 전분이 부드러워지죠.

4 그러다 보면 옥수수 겉껍질이 풍선을 부는 것처럼 커지다가 터져서 구멍이 여러 개 나게 돼요.

음식의 변화

구운 옥수수는 왜 팝콘이 되지 않을까?

옥수수 알갱이는 햇빛에 말리거나 불에 구워 말려야만 팝콘이 될 수 있어요. 그런데 구운 옥수수는 생옥수수로 만들잖아요. 생옥수수는 겉껍질이 부드러워 물기를 가둬 둘 수 없기 때문에 팝콘이 될 수 없어요.

5 부드러워진 전분은 작은 구멍을 통해 뿜어져 나와요.

6 그렇게 뿜어져 나온 전분은 찬 공기를 만나 바로 딱딱하게 굳어요. 이렇게 만들어진 울퉁불퉁한 모양의 옥수수가 바로 팝콘이랍니다.

하하!

어때, 내 새로운 헤어스타일?

새하얀 팝콘 머리네, 어울려!

4장 음식의 변화

17
식빵에 곰팡이가 폈어!

식빵에 왜 곰팡이가 생길까요?

곰팡이는 아주 작은 생물이에요. 물과 음식이 있는 곳에서 자라기를 좋아하죠. 과일이나 빵을 오래 두면 겉에 쉽게 곰팡이가 펴요.

하하하, 그건 머리가 아니라 곰팡이야!

곰팡이가 피면 먹을 수 없어.

아깝다!

곰팡이는 동물도 식물도 아닌 아주 작은 미생물로
빨간색, 초록색, 검은색, 노란색 등 여러 가지 색깔을 갖고 있어요.
어떤 곰팡이는 가늘고 긴 실처럼 자라 마치 머리카락처럼 보이기도 해요.

곰팡이는 어떻게 생길까요?

곰팡이는 *포자에서 자라요. 곰팡이 포자는 공기 중을 날아다니다 자라기 적당한 곳에 다다르면 씨앗처럼 싹이 트면서 성장하지요.

* 곰팡이가 생식을 하기 위해 만드는 세포야. 홀씨라고도 해.

1 포자는 날아서 식빵 위에 자리 잡지만 아주 작아서 우리 눈에 보이지 않아요.

2 식빵이 포자에 물과 영양분을 주면 포자는 싹을 틔우기 시작해요.

18 음식은 왜 상할까?

음식은 어떻게 상할까요?

음식은 세균이나 곰팡이 때문에 상해요. 이것들이 음식 속에서 많이 자라면, 음식이 쿰쿰한 냄새가 나거나 썩게 돼요.

세균과 곰팡이는 자랄 때 이상한 냄새를 풍겨요. 이것들은 음식을 분해해 썩게 만들거든요. 그중 일부는 독소를 만들어 식중독이나 질병, 설사를 일으킬 수도 있어요.

? 어떻게 해야 음식이 상하지 않게 지킬 수 있을까요?

❶ 세균과 곰팡이가 찾지 못하게 음식을 꽁꽁 숨긴다.

❷ 세균이나 곰팡이가 자라지 못하게 보관한다.

정답 : ❷

세균이나 곰팡이가 자라는 걸 막고, 음식을 신선하게 보관하는 방법

세균과 곰팡이는 싫어하고,
음식은 상하지 않는 환경을 알아봐요.

세균과 곰팡이가

냉장고의 냉동실과 냉장실은 무척 추워서 세균과 곰팡이가 자랄 수 없어요.

1 춥고 차가운 곳

"추워. 꼼짝도 못하겠어!"

"숨을 못 쉬어 죽겠어."

5 공기가 없는 곳

통조림이나 진공 포장 안에는 공기가 없어 세균과 곰팡이가 자랄 수 없어요.

음식의 변화

우유를 72도의 고온으로 15초 이상 가열하면 대부분의 세균을 죽일 수 있어요.

습한 환경을 좋아하는 세균과 곰팡이는 음식을 햇볕에 말려 수분을 제거하면 자랄 수 없어요.

싫어하는 환경

"으악, 데었어!"

2 덥고 뜨거운 곳

"목말라 죽겠어."

3 수분이 없는 곳

"물이 없어 죽겠다."

4 너무 짜거나 단 곳

절임 식품은 음식 안에 매우 많은 설탕이나 소금을 넣어 수분이 균류의 몸에서 빠져나가게 해요. 그러면 세균과 곰팡이가 자랄 수 없어요.

4장 음식의 변화　95

냉장고는 음식의 집

"자, 달걀과 생선, 우유, 아이스크림, 과일이 어딨지?"

"냉장고에 이렇게 층이 많았어?"

생선과 고기는 냉동실에
생선과 고기 종류는 상하기 쉽기 때문에 냉동실에 넣어야 오래 보관할 수 있어요.

우유는 냉장실에
냉장실의 온도는 냉동실처럼 낮지 않기 때문에 병이나 용기에 보관하는 음식이나 자주 먹는 음식을 놓아두기 적당해요.

채소와 과일은 신선 보관실에
신선한 채소와 과일은 너무 차가운 곳에 두면 얼기 쉬워요.
채소와 과일은 바로 여기 신선실에 두면 얼지 않아서 좋지요.

음식의 변화

냉동 제품은 냉동실에
물이 어는 냉동실은 냉장고에서 가장 추운 곳이에요.
얼음이나 아이스크림은 냉동실에 넣어야 녹지 않지요.

달걀은 냉장고 문에
냉장고 문은 자주 열기 때문에 온도가 높아졌다 낮아지기를 반복해요.
따라서 여기에는 달걀과 소스류, 탄산음료 또는 쉽게 상하지 않는 것을 놓아두기에 좋아요.

냉장고 문

꽁냥아, 앞으로 우유는 꼭 냉장고에 넣을게.

톡톡이 똑똑하네!

4장 음식의 변화 97

19
새우가 빨개졌어!

음식의 변화

새우는 왜 익으면 붉은색으로 변할까요?

새우 껍데기에는 청록색 색소와 아스타잔틴 성분이 들어 있는데요. 새우의 색이 붉게 바뀌는 비밀은 바로 이 아스타잔틴에 숨겨져 있어요.

주홍색의 아스타잔틴은 평소 청록색 색소 속에 숨어 있어요. 그래서 생새우는 청록색처럼 보이죠.

하지만 열을 가하면 이 청록색 색소가 파괴되면서 색깔을 잃고 말아요.

그런데 아스타잔틴은 열을 겁내지 않아요. 그래서 다 익은 새우는 주홍색으로 바뀌는 거랍니다.

4장 음식의 변화

전골 재료들의 변신

전골에 들어가는 다른 음식들도 열을 가하면 새우처럼 다르게 변해요. 이 재료들은 익혀서 먹어야 영양과 맛이 살아나고, 건강에도 좋답니다.

빨리 공부하고 먹자!

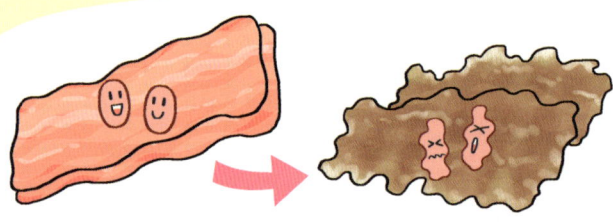

날고기에는 미오글로빈이란 성분이 들어 있는데요. 이 성분 때문에 고기가 붉게 보이는 거랍니다. 하지만 열에 익히면 미오글로빈이 파괴되어 고기의 색깔이 변하게 되는 거죠.

생채소는 몸 안에 수분이 가득해 아삭하고 빳빳해요. 하지만 뜨거운 물에 익힌 뒤에는 수분이 흘러나와 채소가 물러지지요.

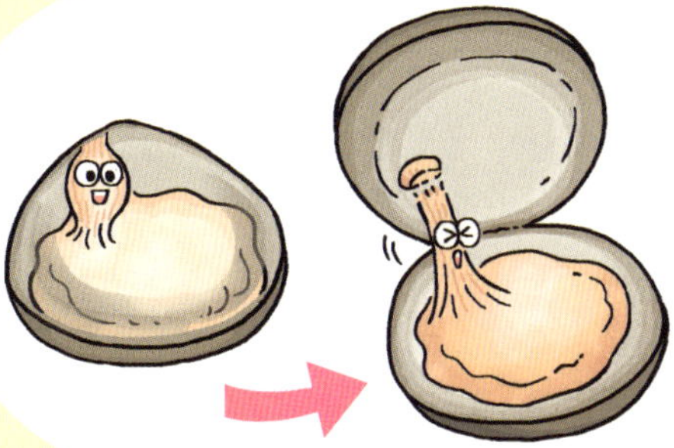

조개는 평소에는 폐각근을 이용해 껍데기를 꽉 닫고 있어요. 하지만 이 폐각근은 열을 가하면 껍데기를 잡고 있을 수가 없게 힘이 빠져서 껍데기가 열리고 말아요.

익히지 않은 당면은 딱딱하고 건조해요. 하지만 열을 가해 익히면 당면이 물을 빨아들여 팽창하면서 반투명해져요.

기다려, 같이 먹자!

미안, 추워서 나 먼저 먹는다!

음식의 변화

바나나는 왜 검게 변할까?

바나나는 얼리면 왜 검게 변할까요?

음식의 변화

열대에서 자라는 과일인 바나나는 추위를 무서워해요. 바나나를 냉장고에 넣어 두면 색이 검게 변해요. 그렇다고 썩거나 상한 것은 아니에요. 밖은 검어도 껍질 안의 바나나는 먹을 수 있어요.

온도가 13도보다 낮으면 바나나는 너무 추워서 색이 까맣게 변해요.

바나나는 부딪히거나 잘려도 까매져!

4장 음식의 변화

바나나는 왜 구부러진 모양일까요?

바나나 나무의 바나나는 위에서 아래로 한 송이씩 자라는데요. 새로 자라는 바나나를 누르지 않으려고 모양이 구부러지게 된답니다.

바나나 나무에서는 *포엽이 자라 꽃을 피울 준비를 해요. 포엽은 특별한 잎으로 바나나의 꽃을 지키는 역할을 맡고 있어요.

* 꽃이나 꽃받침을 둘러싸고 있는 작은 잎이야.

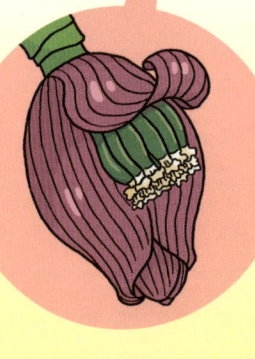

1 포엽이 열리면 아래에서 바나나 꽃 한 송이가 피어요.

2 아래쪽의 포엽이 층층이 열리면서 바나나 꽃들이 피어나요.

21 과일은 언제 먹어야 맛있을까?

과일은 왜 익으면 색이 변할까요?

대부분의 과일은 익기 전에는 초록색이에요. 그건 과일 껍질 속에 엽록소가 많기 때문이죠. 하지만 과일이 익으면서 엽록소가 점점 사라져 다른 색으로 바뀌게 돼요.

과일은 에틸렌이란 가스를 내뿜어 스스로 천천히 숙성해요. 아직 익지 않은 과일은 먹으면 시고 딱딱하죠. 하지만 잘 익은 과일은 부드럽고 달게 변해 좋은 향기를 풍겨요.

맛있는 과일을 먹으려면 기다릴 줄 알아야 해!

음, 향긋해!

음식의 변화

4장 음식의 변화

노란색이나 주황색, 빨간색 껍질에는 어떤 장점이 있을까요?

달콤한 과일은 속에 씨앗을 품고 있어요. 과일나무는 다른 동물들이 와서 과일을 먹은 뒤 남은 씨앗을 다른 곳에 뿌려 주기를 바라지요. 과일나무가 다음 세대를 이을 수 있도록요.

내 열매는 아직 안 익었으니 오지 마!

그래서 잘 익은 과일은 노란색이나 주황색, 빨간색으로 변한답니다. 눈에 띄는 선명한 색깔이어야 작은 동물들이 멀리서도 과일이 어디 있는지 볼 수 있으니까요.

음식의 변화

내 열매가 익었으니 빨리 와서 먹으렴!

어떤 씨앗은 동물이 먹어 배로 들어갔다 똥으로 나와 땅에 퍼져요.

어린 나무가 자랐네.

우아, 신기해!

과일을 다 먹은 동물은 씨앗을 땅에 뱉기도 해요.

권말 부록
꽁냥과 톡톡의 과학 수다 & 퀴즈!

꽁냥: 톡톡아, 내가 이렇게 많은 궁금증에 답을 해 줬는데 뭔가 고마움의 표시를 해야 하는 거 아닐까?

톡톡: 그럼 내가 제일 좋아하는 팝콘이랑 과자를 먹을 수 있게 해 줄게!

꽁냥: 그것보다 네가 다 알아들었는지 퀴즈를 낼 테니 맞혀 볼래?

톡톡: 좋아, 얼마든지 해 봐.

꽁냥: 팝콘은 어떻게 만들어질까?

톡톡: 고소하고 바삭바삭한 팝콘은 말린 ①□□□ □□□를 튀겨서 만들지.

꽁냥: 빙고! 그럼 왜 어떤 과자 봉지는 뚱뚱하고, 또 어떤 과자 봉지는 홀쭉할까?

톡톡: 과자가 부서지지 않도록 안에 ②□□가 들어가 있기 때문이야. 또 홀쭉하고 납작한 진공 팩은 공기를 몽땅 빼 안에 ③□□가 없게 만들어서 음식을 신선하게 보호해.

꽁냥: 그럼 꽃은 왜 향기가 날까? 또 나뭇잎은 어째서 색깔이 바뀌지?

톡톡: 꽃의 유세포가 ④□□□를 만들기 때문이지. 가을과 겨울에는 나무가 ⑤□□□를 분해해 거둬들여서 나뭇잎의 노란색과 붉은색 색소가 밖으로 드러나는 거고.

 연필이 왜 짧아지는지 내가 말해 준 거 기억나?

연필의 심이 ⑥ ◯◯ 으로 만들어져서 그런 거잖아.
글씨를 쓸 때 ⑥ ◯◯ 이 종이에 긁혀서 연필이 점점 짧아져.

오, 똑똑한데! 알고 보니 내가 해 준 대답을
우리 톡톡이가 열심히 듣고 있었구나!

난 네가 말해 주는 과학 상식이 다 재밌거든.
특히 내가 좋아하는 달걀에 대해 알려 줬잖아.

맞아. 그럼 달걀은 왜 동그랄까?

둥근 ⑦ ◯◯ 이 압력에 아주 강하니까
암탉이 품을 때 달걀이 쉽게 깨지지 않도록 말이야.

역시 톡톡이! 공부도 열심히 하고 머리도 좋네.
그럼 마지막으로 한 문제만 더 내 볼게. 자전거는 왜 앞으로 나가지?

우리가 ⑧ ◯◯ 을 밟으면 ⑨ ◯◯ 이 돌아가고,
체인은 ⑩ ◯◯ 를 돌아가게 하지. 기어는 다시 바퀴를 돌게 하고!

하하, 근사한데! 가자, 우리 자전거 타고 연필 사러 가면 되겠다.

와, 자전거 타는 게 제일 좋아!

정답 확인
① 우수수 ② 끓임이 ③ 끈적 ④ 조각 ⑤ 반유동체 ⑥ 흑연 ⑦ 아치형 ⑧ 페달 ⑨ 체인 ⑩ 기어

❶ 똥이 사라졌다!

1판 1쇄 인쇄 2023년 12월 13일 | **1판 1쇄 발행** 2024년 1월 2일
글 후먀오펀 | **그림** 주지아위·훌라왕 | **옮김** 정세경 | **감수** 와이즈만 영재교육연구소
발행처 와이즈만 BOOKs | **발행인** 염만숙 | **출판사업본부장** 김현정 | **편집** 원선희 양다운
기획·진행 CASA LIBRO | **디자인** 인앤아웃 | **마케팅** 강윤현 백미영 장하라
출판등록 1998년 7월 23일 제1998-000170 | **제조국** 대한민국
주소 서울특별시 서초구 남부순환로 2219 나노빌딩 5층
전화 마케팅 02-2033-8987 | **편집** 02-2033-8928 | **팩스** 02-3474-1411
전자우편 books@askwhy.co.kr | **홈페이지** mindalive.co.kr | **사용 연령** 8세 이상
ISBN 979-11-92936-26-0 77400 979-11-92936-25-3(세트)

잘못된 책은 구입처에서 바꿔 드립니다.
와이즈만 BOOKs는 (주)창의와탐구의 출판 브랜드입니다.
KC마크는 이 제품이 공통안전기준에 적합하였음을 의미합니다.